평범한 우리 어린이들을 다음 세대
위인으로 만들어 줄 교과서 위인 이야기!
효리원의 교과서 위인 이야기는 초등학교
교과 과정에 나오는 국내외 위인들을, 우리나라
최고 아동 문학가 53인이 재미있게 동화로 구성했습니다.
지혜와 용기로 위대한 삶을 산 위인들의 이야기는,
어린이들의 마음속에 '나도 할 수 있다.'는
희망의 씨앗을 심어 줄 것입니다!

노벨 평화상을 받은
아프리카의 성자

슈바이처

노원호 글 / 정금석 그림

효리원
hyoreewon.com

알베르트 슈바이처는 20세기를 살았던 사람들 중에서도 퍽 훌륭한 사람 가운데 한 분이 아닌가 싶습니다. 이 지구상에는 훌륭한 일을 한 위인들이 많지만, 생명을 소중히 여기고 질병과 가난에 굶주리는 불쌍한 사람들을 위해 평생을 헌신한 사람은 그리 많지 않습니다.

오늘날, 경우에 따라서는 얼마든지 편안하게 살며 자신의 이익만을 생각하기 십상인 세상에, 남을 위해 사랑을 실천한다는 것은 쉽지 않은 일입니다. 그러나 슈바이처는 많은 것을 버리고 아프리카의 흑인들을 돌보는 일에 자기 일생을 바쳤습니다. 얼마나 위대하고 고귀한 삶입니까? 돈과 명예, 그리고 편안한 생활을 마다할 사람이 그리 흔하겠습니까? 슈바이처의 거룩한 삶은, 오늘날 바르고 값있게 살려는 사람들의 본보기가 되었습니다.

학부모님과 선생님들은, 이 책을 읽는 어린이들에게 슈바이처의 일생을 통해 자신을 희생하는 진정한 용기와 참다운 삶을 느낄 수 있게 해 주어야 할 것입니다. 다시 말하면, 화려하고 편안한 삶을 누릴 수 있으면서도, 무척 어렵고 험하지만 고귀한 길을 택하는 용기에 대해 이야기해 준다면 좋겠습니다.

'어떻게 하면 바르고 참되게 살 수 있을까?' 하는 생각을 갖게 하는 것이 이 책을 읽히는 가장 큰 목적이 되어야 합니다.

따라서 슈바이처의 일생을 통해 그가 왜 그와 같은 일을 하게 되었는지를 곰곰이 생각하는 기회를 만들어 주어야 할 것입니다.

머리말

알베르트 슈바이처는 52년 동안 아프리카에서 가난하고 병든 사람들을 위해 일했습니다. 슈바이처는 편안한 생활은 물론 돈과 명예도 다 버리고, 오직 불쌍한 사람들을 위해 평생을 바친 분입니다. 그래서 그를 '아프리카의 성자'라고 부릅니다.

그는 목사의 아들로 태어나 신학과 철학, 그리고 의학을 공부해 박사 학위를 세 개나 받았습니다. 그런데도 아프리카로 건너가 병과 굶주림에 시달리고 있는 불쌍한 사람들을 도왔습니다. 이는 오직 사람의 생명을 소중히 여겼기 때문입니다.

어린이 여러분도 이 책을 읽으면서 다른 사람들을 생각할 줄 아는 사랑의 정신을 배웠으면 좋겠습니다.

글쓴이 노원호

차 례

약한 아이

'아프리카의 성자'로 불리는 알베르트 슈바이처는 1875년 1월 14일, 독일의 어느 목사 집 아들로 태어났습니다. 어릴 때부터 몸이 허약해 모두가 걱정을 했습니다.

'얘가 제대로 자랄 수 있을까?'

보는 사람마다, 말은 하지 않았지만 걱정하는 눈빛이 뚜렷했습니다.

슈바이처가 태어난 지 반 년쯤 지난 어느 날이었습니다. 아버지가 목사로 일하고 있는 교회에 다니는 사람들이 슈바이처

알베르트 슈바이처 | 병과 굶주림에 시달리는 아프리카 사람들을 위해 일생을 바친 알베르트 슈바이처의 사진입니다.

의 집으로 기도를 하러 왔습니다. 슈바이처네 가족들은 모두 깨끗한 옷차림으로 손님을 맞았습니다.

그런데 오는 사람마다 루이제 누나만을 칭찬했습니다.

"오, 따님이 참 귀엽습니다."

루이제 누나는 정말 귀엽고 아름다운 소녀였습니다.

어머니 품에 안겨 있는 슈바이처를 보고 하는 말은 따로 있었습니다.

"낳은 지 얼마나 되었습니까?"

"왜 이렇게 야위었지요?"

이렇게 모두가 안타까워하는 이야기만 했습니다. 슈바이처

의 어머니는 마음이 몹시 아팠습니다. 아기를 건강하게 키우지 못했다는 자책(자신의 잘못에 대해 스스로 뉘우침)과 아들이 불쌍하다는 생각에 그만 방으로 들어가 울었습니다.

"슈바이처, 미안하구나. 엄마가 잘못했다."

어머니는 더욱더 정성을 들여 슈바이처를 키웠습니다.

다행히도 두 살이 될 무렵부터는 얼굴에 핏기가 돌고, 여느 아이들과 다름없이 튼튼해지기 시작했습니다.

"여보, 당신의 정성에 하느님께서 기적을 내려 주셨나 봐요."

아버지도 기뻐서 어찌할 줄을 몰랐습니다.

아장아장 걸어다니는 슈바이처가 보면 볼수록 대견스러웠습니다.

슈바이처는 세 살이 되면서부터 어머니를 따라 교회에도 나갔습니다.

찬송가를 부를 때 오르간 소리가 들리면 신이 나서 같이 따라 부르기도 했습니다.

목사인 아버지가 설교를 할 때는 꾸벅꾸벅 졸았습니다. 그
러다가 오르간 소리만 나면 눈을 초롱초롱하게 뜨고 손가락
으로 박자를 맞추는 시늉까지 했습니다.

"엄마, 저게 뭐예요?"

"응, 오르간이란다."

음악 소리가 좋은지, 아주 신이 난 얼굴로 어머니에게 오르간에 대해서 이것저것 물어보기도 했습니다.

슈바이처는 자라면서 몸이 점점 더 튼튼해졌습니다. 그러자 장난이 심해졌습니다. 때로는 어머니를 당황스럽게 만들 때도 있었습니다.

"슈바이처, 그렇게 심한 장난을 하면 어떡하니. 잘못해서 다치기라도 하면 어쩌려고 그래."

말은 그렇게 했지만 어머니는 기뻤습니다. 워낙 약했던 아이라, 이렇게 장난꾸러기가 된 것도 그저 자랑스러울 뿐이었습니다.

똑같이
할 거야

다섯 살이 된 슈바이처는 마을에 있는 초등학교에 들어갔습니다. 처음에는 학교에 가기 싫어하고, 친구들과도 잘 어울리지 못했습니다.

"엄마, 학교 안 가면 안 돼요?"

"왜 그러니?"

"공부도 하기 싫고, 친구들도 같이 놀아 주지 않아요."

오늘 아침에도 학교에 가지 않겠다고 떼를 쓰다가 아버지에게 혼이 났습니다.

1975년 독일에서 발행된 슈바이처 기념 우표

슈바이처 얼굴이 새겨진 10마르크 동전 | 동독과 서독이 통일되기 전인 1965년 서독에서 발행되었습니다.

그러던 어느 날이었습니다.

"야, 슈바이처! 너 이리 좀 와 봐."

학교 수업을 마치고 집으로 오는데, 골목길에서 반 아이들 몇 명이 불렀습니다. 골목대장인 게오르그도 있었습니다.

"야, 꼬마 목사님! 한번 붙어 볼래?"

"뭘 붙자는 거야?"

"넌 언제나 가죽 구두를 신고, 좋은 옷만 입고 다니며 으스대잖아."

"내가 언제 그랬어?"

"거짓말하지 마. 목사 아들이라고 우쭐댔잖아?"

　게오르그가 인상을 쓰며 슈바이처를 밀었
습니다. 그 바람에 슈바이처가 넘어지자 아이들은 좋아
라고 손뼉을 쳤습니다.

　"그래, 게오르그, 잘한다. 다시는 으스대지 못하게 단단히
혼을 내 줘!"

　아이들이 게오르그를 응원하기 시작했습니다.

　"어이, 겁쟁이! 무서우면 어서 잘못했다고 빌어."

　"내가 겁쟁이냐?"

슈바이처도 화가 치밀었습니다. 게오르그뿐만 아니라, 옆에서 함께 트집을 잡는 아이들까지 미웠습니다.

"그래, 한번 붙어 보자!"

슈바이처는 게오르그를 붙잡고 뒹굴었습니다.

"싸움은 붙어 보나마나야. 골목대장한테 깔리고 말 테니."

아이들은 게오르그가 틀림없이 이길 거라고 큰소리를 쳤습니다. 그런데 뜻밖에도 슈바이처가 게오르그를 올라타고 사정없이 눌러 댔습니다.

"게오르그, 이래도 까불래? 내가 겁쟁이라고?"

슈바이처는 게오르그의 팔을 있는 힘껏 비틀었습니다.

"아야, 아야!"

게오르그는 울먹이며 비명을 질렀습니다.

"자, 내가 이겼지? 이제 나한테 까불지 마!"

슈바이처는 당당하게 말하고는 손을 내밀어 게오르그를 일으켜 주었습니다.

"흥, 네가 이겼다고 착각하지 마. 나도 너처럼 날마다 고기 수프를 먹으면 너보다 더 힘이 세질 테니까."

게오르그는 슈바이처의 손을 뿌리치며 빈정거렸습니다.

"그래, 맞아. 목사 집 아들이라 우리들하고는 먹는 게 다를 거야."

다른 아이들도 맞장구를 쳤습니다.

슈바이처는 이 말을 듣는 순간 한 대 얻어맞은 듯 정신이 아찔했습니다. 집에 가는 내내 게오르그의 말이 머릿속에서 떠나지 않았습니다.

그날 저녁, 식탁에 오른 고기 수프를 보자 게오르그의 말이 생각났습니다. 도저히 고기 수프를 먹을 수가 없었습니다.

'그래, 똑같은 아이들인데 나만 잘 먹고 잘 입을 순 없지.'

슈바이처는 이제부터 친구들과 똑같은 옷을 입고, 똑같은 음식을 먹겠다고 다짐했습니다.

"엄마, 이제부터 고기 수프는 안 먹을래요."

"아니, 왜? 어디 아프니?"

"아뇨, 그냥 먹기 싫어졌어요."

슈바이처는 그 뒤로 고기 수프를 먹지 않았습니다.

그해 겨울, 어머니가 아버지의 헌 양복을 고쳐서 슈바이처의 외투를 만들어 주었습니다.

"오늘 날씨가 추우니 이 외투를 입고 학교에 가거라."

"싫어요, 엄마."

"아니, 왜? 마음에 들지 않니?"

"아니에요. 춥지 않아요."

"혹시 너, 새 옷이 아니라 헌 옷으로 만들었다고 안 입겠다는 거니?"

어머니는 화를 내면서 억지로 입히려고 했습니다.

그러나 슈바이처는 끝내 입지 않았습니다.

"학교 친구들 보기가 미안하고 부끄러워서요."

그 말을 듣고 아버지와 어머니는 할 말이 없었습니다. 아들이 그렇게까지 생각하고 있는 줄은 미처 몰랐습니다.

슈바이처는 그때부터 친구들과 가까워지려고 갖은 노력을 다했습니다.

새들아,
빨리 도망가!

슈바이처는 어릴 때부터 동물을 사랑하는 마음이 남달랐습니다.

어느 날, 하인리히라는 친구가 찾아왔습니다.

"슈바이처, 우리 새 잡으러 가자."

"뭐! 새 잡으러?"

하인리히가 집에서 만들어 온 고무총을 내밀었습니다.

슈바이처는 새들이 불쌍해서 가기 싫었습니다. 그렇지만 '남자답지 못하다.'고 또 놀릴까 봐 할 수 없이 따라나섰습니다.

뒷산 숲에는 아무것도 모르는 새들이 나뭇가지에 앉아 즐겁게 노래하고 있었습니다.

하인리히는 사냥꾼처럼 살금살금 다가갔습니다. 그러고는 고무총에 작은 돌 하나를 재어 새들에게 겨누었습니다.

"슈바이처. 뭐 해? 너도 빨리 겨눠!"

하인리히가 목소리를 낮추며 다급하게 말했습니다.

슈바이처는 새들이 불쌍해서 겨누기 싫었습니다. 슈바이처가 망설이는 동안 하인리히는 고무줄을 길게 잡아당긴 채 새들을 뚫어지게 노려보고 있었습니다. 곧 고무줄을 놓으려는 순간이었습니다.

'새들아, 빨리 도망가!'

슈바이처는 마음속으로 빌었지만, 새들은 아무것도 모르는 듯했습니다.

그때였습니다. 교회의 종소리가 땡땡 울렸습니다. 슈바이처는 이때다 싶어 벌떡 일어섰습니다.

"훠이, 훠이. 새들아, 빨리 도망가!"

그 순간 새들이 놀란 듯 모두 날아가 버렸습니다.

"슈바이처, 도대체 무슨 짓이야! 너 때문에 새들이 다 날아가 버렸잖아!"

하인리히는 화가 잔뜩 났습니다.

"비겁하게! 너를 데리고 온 게 잘못이야."

"미안해. 새들이 불쌍해서……."

하인리히는 고무총을 내던지고 혼자 집으로 가 버렸습니다.

'그래도 괜찮아. 하인리히가 비웃으면 어때! 살아 있는 것들을 죽이거나 괴롭혀서는 안 되지.'

아버지에게 들은 이야기를 떠올리면서 슈바이처도 집으로 향했습니다. 친구에게 핀잔을 들었지만, 기분이 나쁘지는 않았습니다. 오히려 새들의 목숨을 구해 주었다는 생각에 마음이 뿌듯했습니다.

그 뒤로는 친구들이 새나 물고기를 잡으러 가자고 하면 아예 거절을 했습니다. 오히려 '동물을 사랑해야 한다.'며 친구들을 타이르기도 했습니다.

언젠가 어머니와 함께 이웃 마을에 간 적이 있습니다.

"엄마, 저것 좀 보세요!"

슈바이처는 놀란 듯 손가락으로 무엇인가를 가리키고 있었습니다. 어머니가 돌아보니, 한 남자가 말을 채찍으로 마구 때리며 끌고 가고 있었습니다.

슈바이처는 손으로 얼굴을 가렸습니다.

말은 '히잉히잉' 하면서 울어 댔습니다.

"엄마, 저 아저씨가 왜 저래요? 말이 너무 불쌍해요."

"말이 아저씨의 말을 잘 듣지 않은 모양이지."

"그렇다고 저렇게 때려요?"

슈바이처는 아저씨가 말을 때릴 때마다 놀라서 몸을 움찔움찔했습니다.

그러다가 더 이상 참지 못하고 갑자기 크게 소리를 질렀습

니다.

"아저씨, 때리지 마세요!"

아저씨는 힐끔 쳐다보더니 그제야 매질을 멈추었습니다.

슈바이처는 집으로 돌아오면서, 동물을 사랑해야겠다는 결심을 더욱 굳혔습니다.

'생명을 소중히 여기는 마음을 갖자.'

이러한 마음가짐은 뒷날 슈바이처가 아프리카에 가서 흑인들을 위해 일하게 된 바탕이 되었습니다.

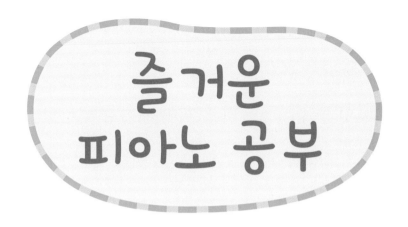

즐거운
피아노 공부

슈바이처는 다섯 살이 되던 해부터 아버지에게 피아노를 배우기 시작했습니다.

음악에 소질이 있었던지, 얼마 지나지 않아 간단한 노래 정도는 연주할 수 있었습니다.

"엄마, 피아노 치는 게 정말 즐거워요."

슈바이처는 피아노만 치면 신이 났습니다. 친구들과 노는 것도 잊어버릴 정도였습니다.

"슈바이처, 오늘은 그만 치고, 나가서 놀다 오렴."

어머니가 말려도 슈바이처는 피아노 앞에 앉아 열심히 연습을 했습니다. 그래선지 슈바이처의 피아노 실력은 나날이 달라졌습니다.

한번은 어머니를 따라 큰 교회에 갔습니다.

"와, 교회가 굉장히 크네!"

이렇게 큰 교회는 처음이었습니다. 슈바이처는 신기한 듯여기저기 구경하느라 정신이 없었습니다.

"와! 엄마, 저건 뭐예요?"

슈바이처가 가리킨 것은 앞쪽에 놓여 있던 파이프 오르간이었습니다.

"정말 멋있다. 나도 한번 쳐 보았으면……."

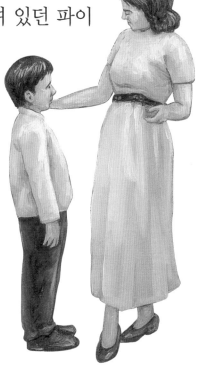

"피아노를 열심히 잘 치면 저 오르간도 연주할 수 있단다."

슈바이처는 어머니 말씀을 듣고, 언젠가는 꼭 파이프 오르간을 연주할 것이라고 굳게 마음먹었습니다.

그런 일이 있은 뒤, 어느 날 학교 음악 시간이었습니다.

'어, 선생님이 치는 오르간 소리가 왜 저렇지?'

슈바이처는 궁금했습니다. 담임 선생님은 오르간을 잘 치지 못했습니다. 한 손으로 겨우겨우 반주를 하는 정도였습니다.

"선생님, 왜 한 손으로만 치세요? 두 손으로 쳐야 좋은 소리가 날 텐데요."

선생님은 깜짝 놀랐습니다.

"그럼 너는 두 손으로 칠 수 있다는 말이니?"

"그럼요."

"그래? 어디 한번 쳐 보렴."

슈바이처는 신이 났습니다. 얼른 오르간 앞에 앉아서 두 손으로 연주를 하기 시작했습니다.

오르간 소리가 교실 안에 울리자 선생님과 반 친구들은 모두 깜짝 놀랐습니다. 슈바이처의 연주 솜씨는 보통이 아니었습니다.

"우와, 슈바이처 잘한다!"

친구들 모두 박수를 쳤습니다. 선생님도 슈바이처의 솜씨를 칭찬하면서 기뻐했습니다.

"슈바이처, 앞으로 음악 시간마다 네가 오르간 반주를 하도록 해라."

"네, 제가요?"

슈바이처는 그 뒤로 음악 시간이면, 선생님을 도와 자주 반주를 했습니다.

중학교에 가서도 슈바이처는 피아노 공부를 게을리하지 않았습니다. 하루에 몇 시간씩 연습을 한 까닭에 이제는 연주회를 열어도 될 만 한 실력이 되었습니다.

학교를 그만두라니?

부모님은 슈바이처가 목사가 되어 교회 일을 하기 바랐습니다. 어느 날, 부모님은 슈바이처를 조용히 불러 말했습니다.

"애야, 너는 김나지움(독일의 중등 교육 기관)에 가서 공부를 해야 해. 그래야 앞으로 훌륭한 목사가 될 수 있단다."

슈바이처는 뛰어난 음악가가 되고 싶었지만 부모님의 뜻을 거스를 수 없어 김나지움에 입학했습니다.

학교까지는 차로 두 시간이나 걸렸기 때문에 슈바이처는 친척인 루이 할아버지 집에서 지내기로 했습니다.

루이 할아버지는 매우 엄격한 분이었고, 할머니는 규칙적인 생활을 강조하는 분이었습니다.

독일니엔부르그의 알베르트 슈바이처 고등학교

"슈바이처, 숙제를 다 했으면 피아노 연습을 해야지. 내일은 피아노 선생님이 오시는 날이잖니."

때로는 너무 힘이 들고 지겨웠지만, 다른 때보다 더 열심히 공부했습니다. 그러나 학교 성적은 점점 나빠졌습니다.

김나지움은 대학에 가려는 아이들을 모아 가르치는 학교였습니다. 그래서 학생들 모두 아주 열심히 공부했습니다. 슈바이처도 스스로 열심히 한다고 생각했지만, 성적은 좀처럼 오르지 않았습니다.

그러던 어느 날, 교장 선생님이 시골에서 올라온 아버지를 불렀습니다.

"성적이 오르지 않으니, 차라리 학교를 그만두게 하는 것이 어떻겠습니까?"

"네? 그게 무슨 말씀이에요, 교장 선생님!"

아버지는 가슴이 콱 막혔습니다. 목사로 키우기 위해 김나지움에 보냈는데 학교를 그만두라니, 실망이 이만저만이 아니었습니다. 하지만 도저히 학교를 그만두게 할 수는 없었습니다.

"교장 선생님, 시골에서 올라온 지 얼마 되지 않아 그런 것 같으니, 조금만 더 지켜봐 주십시오."

아버지의 간곡한 부탁으로 슈바이처는 학교에 계속 다닐 수 있었습니다.

이 이야기를 들은 슈바이처는 아버지 앞에서 고개를 들지 못했습니다.

"괜찮아, 괜찮아. 조금만 더 열심히 하면 장학금도 받을 수 있을 게다."

아버지는 꾸짖기는커녕 오히려 슈바이처에게 용기를 주었

습니다. 슈바이처도 새롭게 다짐을 했습니다.

새 학기가 되어 담임 선생님이 바뀌었습니다. 베만 선생님이었습니다. 베만 선생님은 아이들에게 매우 자상하고 친절했습니다.

"슈바이처, 누구든지 열심히만 하면 좋은 결과를 얻을 수 있단다. 그러니까 조금 뒤떨어졌다고 해서 포기하면 절대 안 된다. 알았지?"

슈바이처는 선생님 말에 용기를 얻었습니다. 그래서 더욱 열심히 노력했습니다. 모르는 것이 있으면 곧바로 베만 선생님을 찾아가 물어보기도 했습니다.

"슈바이처, 정말 잘했어! 성적이 많이 올랐구나."

슈바이처는 좋아서 어쩔 줄을 몰랐습니다. 모든 것에 자신감이 생겼습니다. 공부도 열심히 하고, 피아노 연습도 꾸준히 했습니다.

슈바이처는 김나지움을 무사히 졸업하고, 드디어 대학에 가게 되었습니다.

새로운 다짐

슈바이처는 대학에 가서도 열심히 공부를 했습니다. 피아노 연주도 계속하고, 파이프 오르간도 함께 배웠습니다.

바쁜 나날을 보내다가 방학을 맞아 잠시 고향으로 돌아왔습니다. 정말 오랜만에 편히 잠을 자고 쉴 수 있었습니다.

'아, 내게도 이럴 때가 있구나.'

슈바이처는 정말로 행복하다고 느꼈습니다. 그러나 세상에는 고통스럽게 살아가는 불쌍한 사람들이 많다는 사실을 깨닫고 곧 생각을 바꾸었습니다.

49

'언젠가는 불쌍한 사람들에게 힘이 되어야지.'

스스로 다짐했습니다.

방학이 끝나고 다시 학교로 돌아가서도 슈바이처는 조금도 흐트러지지 않고 학교생활을 열심히 했습니다.

"저 학생은 오늘도 밤을 새우는가 보네."

학교 구석구석을 돌아보던 경비 아저씨가 기숙사 앞에서 잠시 발걸음을 멈추었습니다. 모두가 잠든 깊은 밤이었지만, 슈바이처의 방에는 불이 켜져 있었습니다.

이렇게 해서 슈바이처는 스물넷, 스물다섯의 젊은 나이에 연달아 철학 박사 학위와 신학 박사 학위를 받았습니다.

박사 학위를 받은 슈바이처는 대학에서 신학을 가르치는 교수가 되었습니다. 그뿐 아니라 파이프 오르간 솜씨도 뛰어나, 여기저기서 연주를 해 달라는 부탁을 많이 받았습니다.

그러던 어느 날, 교회 소식지를 통해 '의사가 없어서 병들어 죽어 가는 불쌍한 흑인들'이라는 글을 읽게 되었습니다. 당시 아프리카에는 수많은 어린이들과 어른들이 굶주림과 전염병으로 목숨을 잃고 있었습니다.

슈바이처는 그 글을 보는 순간, 아프리카로 가야겠다고 마음먹었습니다. 그래서 의사가 되려고 의과 대학에 들어갔습니다.

"나는 너를 도저히 이해할 수가 없구나. 지금 대학 교수로서 아쉬운 거 없이 살고 있는데, 무엇 때문에 그곳에 가려는 거니? 그리고 왜 하필 아프리카야? 거긴 무서운 전염병도 돌고 있다는데……. 그곳이 사람 살기가 얼마나 힘든 곳인지 알고 있니?"

"지금 아프리카에는 무엇보다 의사가 필요합니다."

어머니가 눈물을 흘리면서 말렸지만, 슈바이처의 굳은 결심을 되돌릴 수는 없었습니다.

그러나 슈바이처의 마음을 이해해 주는 사람이 한 사람 있었습니다. 바로 여자 친구 헬레네였습니다.

"헬레네, 난 의사가 되어 아프리카의 흑인들을 위해서 평생을 바치고 싶소."

"좋은 생각이에요. 저도 힘껏 돕겠어요."

헬레네도 아프리카로 가려고 간호사 공부를 시작했습니다. 용기를 얻은 슈바이처는 교수로서 학생들을 가르치는 한편 학생으로서 의학 공부를 하면서 밤낮없이 바쁘게 지냈습니다. 그리고 틈틈이 피아노 연주회를 열어 얻은 수입으로 아프리카에서 쓸 물건들을 하나하나 사 모았습니다.

1911년, 슈바이처는 서른여섯 살의 나이로 드디어 자격 시험에 합격해 의사가 되었습니다. 참으로 길고도 힘든 6년이었습니다.

이듬해, 헬레네와 결혼을 하면서 슈바이처는 아프리카로 갈 준비를 더욱 빈틈없이 했습니다.

드디어 아프리카로

1913년 3월, 슈바이처 부부는 드디어 아프리카로 떠났습니다.

출발한 지 3주 만에 가봉의 랑바레네에 닿았습니다. 랑바레네는 오고웨 강 옆에 자리 잡은 작은 마을이었습니다.

"아! 드디어 아프리카에 왔구나."

슈바이처의 가슴은 말할 수 없이 벅차올랐습니다.

이튿날 아침, 슈바이처는 떠들썩한 소리에 잠이
깼습니다.

"이게 무슨 소리지?"

창밖을 내다보니 많은 원주민들이 집 앞에서 서

성거리고 있었습니다.

"아침 일찍 웬 사람들이지?"

그때, 선교사 한 사람이 급하게 뛰어 들어왔습니다.

"선생님! 의사가 왔다는 소식을 듣고, 환자들이 저렇게 몰려왔습니다."

"뭐라고요, 환자들이 왔다고요? 아직 약과 기구들이 도착하지도 않았는데……."

슈바이처는 당황했습니다.

"할 수 없군. 아픈 사람들을 되돌려보낼 수는 없으니 진찰부터 하도록 하지."

슈바이처는 의사로서 처음 일을 시작했습니다.

열병에 걸려 부들부들 떨고 있는 어린이도 있었고, 사나운 악어에게 물려 다리를 다친 젊은이도 있었습니다.

그때부터 슈바이처 부부는 잠시도 쉴 틈이 없었습니다.

그들을 더욱 힘들게 한 것은 열대 지방의 뜨거운 햇볕이었습니다. 찌는 듯한 더위 속에서 진료를 하다 보니 고통이 이만

59

59

저만이 아니었습니다.

"안 되겠군. 저기 낡은 닭장이라도 고쳐서 진료실로 만들어야겠어."

의사는 한 명이었지만, 환자는 헤아릴 수 없이 많았습니다.

헬레네도 무척 바빴습니다. 오전에 집안일을 끝내고 나면 곧장 닭장 진료실로 달려가서 환자들을 돌보고, 수술복과 붕대를 깨끗하게 빨아야 했습니다.

"헬레네, 정말 고맙소. 당신 도움이 없다면 도저히 이 일을 할 수 없을 것이오."

부인의 손을 잡으며, 슈바이처는 아프리카로 오기를 정말 잘했다고 생각했습니다.

날이 가면서 환자들의 수가 늘어나는 바람에 항상 병실이 모자라서 안타까웠습니다.

"헬레네, 하루빨리 병원을 지어야 되겠소."

슈바이처는 원주민들과 함께 병원을 짓기 시작했습니다. 많은 사람들의 도움으로 마침내 진찰실, 수술실, 입원실을 갖춘 병원을 완성하게 되었습니다.

"이제야 됐다! 많은 환자들을 치료할 수 있게 되었으니 더이상 바랄 게 없구나."

슈바이처 부부는 더 열심히 환자들을 치료하고 돌보아 주었습니다.

그러던 중 제1차 세계 대전이 일어났습니다.

당시 전쟁은 프랑스와 독일의 싸움이었습니다. 슈바이처는 독일 사람이라 프랑스의 포로 수용소로 끌려갔습니다.

그곳에서도 슈바이처는 환자들이 있으면 성심껏 치료를 해 주었습니다. 그러면서도 아프리카에 있는 병원 걱정으로 잠을 이룰 수가 없었습니다.

다행히 1년 뒤 전쟁이 끝나 수용소에서 풀려날 수 있었습니다. 고향으로 돌아온 슈바이처는 바쁜 나날을 보냈습니다. 여러 나라로 돌아다니면서 파이프 오르간 연주와 강연회를 열었습니다.

"아프리카의 불쌍한 사람들을 도와주십시오."

강연회와 연주회를 해서 마련한 돈으로 슈바이처는 다시 아프리카로 갈 준비를 했습니다.

아프리카의 성자

1924년, 마흔아홉 살이 된 슈바이처는 다시 아프리카로 향했습니다. 아프리카를 떠난 지 7년 만이었습니다.

그러나 막상 랑바레네에 도착해서 보니 병원은 다 허물어져 가고 있었고, 덩굴만 무성했습니다.

"아, 이 일을 어떻게 하면 좋지……."

슈바이처는 곧 병원을 수리하고, 환자들을 진료하기 시작했습니다. 슈바이처가 돌아왔다는 소문을 듣고 환자들이 구름처럼 모여들었습니다.

슈바이처 병원 | 아프리카 가봉 랑바레네의 병원, 슈바이처가 사용했던 진료실의 모습입니다. 슈바이처는 이곳에서 아내와 함께 환자들을 진찰하고 돌보았습니다.

"의사 선생님, 우리 아이부터 치료해 주세요!"

어떤 아주머니가 다 죽어 가는 아이를 안고 와서 울부짖었습니다. 하지만 의사가 모자라서 찾아오는 환자들을 모두 다 치료해 줄 수가 없었습니다.

슈바이처는 그게 가장 안타까웠습니다. 그러던 중 유럽에서 의사 두 명과 간호사 두 명이 왔습니다.

"정말 고맙습니다. 이렇게 먼 곳까지 와 주시다니."

슈바이처는 무척 반가웠습니다.

환자들은 점점 더 많아졌습니다.

슈바이처는 이처럼 일생을 바쳐 아프리카의 불쌍하고 굶주린 사람들을 보살폈습니다. 이런 업적으로 1952년 10월, 노벨 평화상을 받았습니다. 그의 나이 일흔일곱 살이었습니다. 노벨 평화상은 인류의 평화를 위해서 몸을 바친 사람에게 주는 상입니다.

슈바이처는 여든 살이 넘어서도 환자 돌보는 일을 게을리하지 않았습니다.

슈바이처 생가가 있는 알사스의 군스바흐 알베르트 슈바이처 빌리지

　그러나 안타깝게도 그의 나이 여든두 살 때, 아내 헬레네가 세상을 떠나고 말았습니다.

　그 즈음 병원은 세계에서 모여든 의사와 간호사들로 더욱 커졌습니다. 하루에 돌보는 환자만 해도 500명이 넘었습니다.

　슈바이처는 쉬지 않고 열심히 일했습니다. 그러다가 1965년 9월 4일, 아흔 살의 나이로 세상을 떠나고 말았습니다.

　지금 그는 우리 곁을 떠나고 없지만, 그가 남긴 봉사와 희생 정신은 우리들 가슴속에 영원히 남아 있습니다. ✿

연 대	발 자 취
1875년(0세)	1월 14일, 독일 알자스 지방의 카이저스베르크에서 태어나다.
1880년(5세)	권스바흐의 초등학교에 입학하다. 아버지에게 피아노를 배우기 시작하다.
1885년(10세)	뮐하우젠의 김나지움(독일의 중등 교육 기관)에 입학하다.
1893년(18세)	김나지움을 졸업하고, 스트라스부르 대학에 입학하다.
1896년(21세)	서른 살까지는 학문과 예술을 위해 살고, 그 이후에는 고통받는 사람들을 위해 일생을 바치기로 결심하다.
1899년(24세)	철학 박사 학위를 받다.
1900년(25세)	신학 박사 학위를 받다. 성 니콜라이 교회의 전도사가 되다.
1902년(27세)	스트라스부르 대학의 신학부 강사가 되다.
1905년(30세)	의사가 되려고 의학 공부를 시작하다.
1911년(36세)	의사 자격 시험에 합격하다.
1912년(37세)	헬레네와 결혼하다.
1913년(38세)	의학 박사 학위를 받다. 아프리카 가봉 랑바레네에서 진료 활동을 시작하다.
1917년(42세)	제1차 세계 대전 중 포로가 되어 프랑스로 끌려가다.
1924년(49세)	아프리카로 돌아가 환자들을 돌보다.
1952년(77세)	노벨 평화상을 받다.
1957년(82세)	부인 헬레네가 세상을 떠나다.
1965년(90세)	9월 4일, 랑바레네에서 세상을 떠나다.

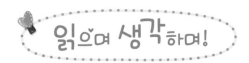
1. 평생 동안 불쌍한 사람들을 위해 일한 슈바이처를 오늘날, 어떻게 부르 나요?

_____

_____

2. 다음 글은 슈바이처가 아프리카로 가야겠다고 결심했을 때의 일을 나 타낸 것입니다. 밑줄 친 '글'은 무엇을 말하는 것인가요?

당시 아프리카에는 수많은 어린이들과 어른들이 굶 주림과 전염병으로 목숨을 잃고 있었습니다.

슈바이처는 그 글을 보는 순간, 아프리카로 가야겠 다고 마음먹었습니다. 그래서 의사가 되려고 의과 대 학에 들어갔습니다.

_____

_____

_____

_____

3. 슈바이처가 아프리카의 흑인들을 위해 평생을 바치겠다고 했을 때, 함께 돕겠다고 한 사람은 누구인가요?

4. 다음 글은 슈바이처가 친구 게오르그와 싸운 뒤 있었던 일을 나타낸 것입니다. 슈바이처의 행동에서 무엇을 느낄 수 있나요?

> 그날 저녁, 식탁에 오른 고기 수프를 보자 게오르그의 말이 생각났습니다. 도저히 고기 수프를 먹을 수가 없었습니다.
> '그래, 똑같은 아이들인데 나만 잘 먹고 잘 입을 순 없지.'
> 슈바이처는 이제부터 친구들과 똑같은 옷을 입고, 똑같은 음식을 먹겠다고 다짐했습니다.

5. 친구 하인리히가 새들에게 고무총을 쏘려 하자, 슈바이처는 새들을 쫓아 버립니다. 살아 있는 것을 괴롭히지 않으려 한 슈바이처의 다음 행동을 어떻게 생각하나요?

교회의 종소리가 땡땡 울렸습니다. 슈바이처는 이때다 싶어 벌떡 일어섰습니다.

"휘이, 휘이. 새들아, 빨리 도망가!"

그 순간 새들이 놀란 듯 모두 날아가 버렸습니다.

"슈바이처, 도대체 무슨 짓이야! 너 때문에 새들이 다 날아가 버렸잖아!"

6. 김나지움에 들어간 슈바이처는 성적이 별로 좋지 않았습니다. 그러나 슈바이처의 아버지는 오히려 용기를 북돋아 주었습니다. 덕분에 슈바이처는 더 열심히 공부하겠다고 마음먹습니다. 여러분에게도 이런 경험이 있었나요? 그때 어떤 마음이 들었나요?

1. 아프리카의 성자.

2. '의사가 없어서 병들어 죽어 가는 불쌍한 흑인들'이라는 글.

3. 훗날 슈바이처의 아내가 된 헬레네.

4. 예시 : 슈바이처의 친구 게오르그는 슈바이처와 싸우다 지자 "나도 너처럼 날마다 고기 수프를 먹으면 너보다 힘이 더 세질 거야."라고 말한다. 그 말에 충격을 받은 슈바이처는 다시는 고기 수프를 먹지 않겠다고 마음먹는다. 그리고 정말 고기 수프를 먹지 않았다. 가난한 친구들에게 미안해서 그 아이들과 똑같이 검소하게 살겠다고 결심하다니, 다른 사람을 생각하는 마음이 큰 것 같다. 모두 함께 사는 세상이므로 자신만 생각하는 마음을 버리고 어려운 사람을 힘껏 돕는 자세가 필요하다는 것을 느꼈다.

5. 예시 : 도둑고양이나 비둘기를 향해 돌을 던진 적이 있다. 나 외에도 그냥 심심해서 그런 행동을 하는 친구들이 많다. 잘못된 행동이라는 것을 알면서도 약한 동물을 보면 자신의 힘을 뽐내고 싶어한다. 그런데 친구가 비웃고 화를 내더라도 힘없는 동물을 괴롭히면 절대 안 된다고 생각하는 슈바이처를 보며 나의 행동을 반성하게 되었다. 앞으로는 약한 동물들을 괴롭히지 않고, 만약 그런 친구들을 보면 그러지 말라고 용감하게 말해야겠다.

6. 예시 : 예전에 집에서 놀다가 부모님이 아끼는 장식품을 깬 적이 있었다. 많이 혼날까 봐 조마조마했는데, 생각 외로 다친 곳은 없느냐고 부드럽게 물으셨다. 혼내지 않고 오히려 걱정해 주시니 더 미안한 마음이 들었다. 그래서 조심해서 놀아야겠다고 생각했다. 그 일을 통해, 혼내는 것보다 사랑으로 감쌀 때 더 많은 가르침을 줄 수 있다는 사실을 깨달았다. 나도 누군가의 잘못을 들춰내기보다 장점을 이야기하고 용기를 주려고 노력해야겠다.

한국사 (위쪽 연표)

최무선 (1328~1395)
황희 (1363~1452)
세종 대왕 (1397~1450)
장영실 (?~?)

신사임당 (1504~1551)
이이 (1536~1584)
허준 (1539~1615)
유성룡 (1542~1607)

한석봉 (1543~1605)
이순신 (1545~1598)
오성과 한음 (오성 1556~1618 / 한음 1561~1613)

광개토 태왕 (374~412)
을지문덕 (?~?)

연개 소문 (?~666)
김유신 (595~673)

장보고 (?~846)
왕건 (877~943)
강감찬 (948~1031)

대조영 (?~719)

고구려 살수 대첩 (612)
신라 삼국 통일 (676)

견훤 후백제 건국 (900)
궁예 후고구려 건국 (901)

고려 강화로 도읍 옮김 (1232)
개경 환도, 삼별초 대몽 항쟁 (1270)

문익점 원에서 목화씨 가져옴 (1363)
최무선 화약 만듦 (1377)
조선 건국 (1392)

허준 동의보감 완성 (1610)
병자 호란 (1636)
상평 통보 전국 유통 (1678)

고조선 건국 (B.C. 2333)

철기 문화 보급 (B.C. 300년경)
고조선 멸망 (B.C. 108)

고구려 불교 전래 (372)
신라 불교 공인 (527)

대조영 발해 건국 (698)
장보고 청해진 설치 (828)
왕건 고려 건국 (918)

귀주 대첩 (1019)
윤관 여진 정벌 (1107)

훈민 정음 창제 (1443)
임진 왜란 (1592~1598)
한산도 대첩 (1592)

연표 중앙

| B.C. | 선사 시대 및 연맹 왕국 시대 | A.D. 삼국 시대 | 698 남북국 시대 | 918 | 고려 시대 | 1392 |

| 2000 | 500 | 400 | 300 | 100 | 0 | 300 | 500 | 600 | 800 | 900 | 1000 | 1100 | 1200 | 1300 | 1400 | 1500 | 1600 |

| B.C. | 고대 사회 | A.D. 375 | 중세 사회 | 1400 |

세계사 (아래쪽 연표)

중국 황하 문명 시작 (B.C. 2500년경)

인도 석가모니 탄생 (B.C. 563년경)

알렉 산더 대왕 동방 원정 (B.C. 334)

크리 스트교 공인 (313)
게르만 민족 대이동 시작 (375)
로마 제국 동서로 분열 (395)

수나라 중국 통일 (589)

이슬람교 창시 (610)
수 멸망 당나라 건국 (618)

러시아 건국 (862)

거란 건국 (918)
송 태종 중국 통일 (979)

제1차 십자군 원정 (1096)

테무친 몽골 통일 칭기즈 칸이 됨 (1206)
원 제국 성립 (1271)

원 멸망 명 건국 (1368)

잔 다르크 영국군 격파 (1429)
구텐 베르크 금속 활자 발명 (1450)

코페르니 쿠스 지동설 주장 (1543)
도요토미 히데요시 일본 통일 (1590)

독일 30년 전쟁 (1618)
영국 청교도 혁명 (1642~1649)
뉴턴 만유 인력의 법칙 발견 (1665)

석가모니 (B.C. 563?~ B.C. 483?)

예수 (B.C. 4?~ A.D. 30)

칭기즈 칸 (1162~1227)

주시경
(1876~1914)

김구
(1876~1949)

정약용
(1762~1836)

안창호
(1878~1938)

우장춘
(1898~1959)

유관순
(1902~1920)

김정호
(?~?)

안중근
(1879~1910)

방정환
(1899~1931)

윤봉길
(1908~1932)

이중섭
(1916~1956)

백남준
(1932~2006)

이태석
(1962~2010)

이승훈
천주교
전도
(1784)

최제우
동학
창시
(1860)

김정호
대동여
지도
제작
(1861)

강화도
조약
체결
(1876)

지석영
종두법
전래
(1879)

갑신
정변
(1884)

동학
농민
운동,
갑오
개혁
(1894)

대한
제국
성립
(1897)

을사
조약
(1905)

헤이그
특사
파견,
고종
퇴위
(1907)

한일
강제
합방
(1910)

3·1
운동
(1919)

어린이날
제정
(1922)

윤봉길·
이봉창
의거
(1932)

8·15
광복
(1945)

대한
민국
정부
수립
(1948)

6·25
전쟁
(1950~1953)

10·26
사태
(1979)

6·29
민주화
선언
(1987)

서울
올림픽
개최
(1988)

북한
김일성
사망
(1994)

의약
분업
실시
(2000)

조선 시대	1876 개화기	1897 대한 제국	1910 일제 강점기	1948 대한민국

1700	1800	1850	1860	1870	1880	1890	1900	1910	1920	1930	1940	1950	1970	1980	1990	2000

근대 사회	1900 현대 사회

미국
독립
선언
(1776)

프랑스
대혁명
(1789)

청·영국
아편
전쟁
(1840~1842)

미국
남북
전쟁
(1861~1865)

베를린
회의
(1878)

청·
프랑스
전쟁
(1884~1885)

청·일
전쟁
(1894~1895)

헤이그
평화
회의
(1899)

영·일
동맹
(1902)

러·일
전쟁
(1904~1905)

제1차
세계
대전
(1914~1918)

러시아
혁명
(1917)

세계
경제
대공황
시작
(1929)

제2차
세계
대전
(1939~1945)

태평양
전쟁
(1941~1945)

국제
연합
성립
(1945)

소련
최초
인공위성
발사
(1957)

제4차
중동
전쟁
(1973)

소련
아프가니
스탄
침공
(1979)

미국
우주
왕복선
콜럼비아
호 발사
(1981)

독일
통일
(1990)

유럽
11개국
단일
통화
유로화
채택
(1998)

미국
9·11
테러
(2001)

워싱턴
(1732~1799)

페스탈
로치
(1746~1827)

모차
르트
(1756~1791)

나폴
레옹
(1769~1821)

링컨
(1809~1865)

나이팅
게일
(1820~1910)

파브르
(1823~1915)

노벨
(1833~1896)

에디슨
(1847~1931)

가우디
(1852~1926)

라이트
형제
(형, 윌버
1867~1912 /
동생, 오빌
1871~1948)

마리
퀴리
(1867~1934)

간디
(1869~1948)

아문센
(1872~1928)

슈바이처
(1875~1965)

아인슈
타인
(1879~1955)

헬렌
켈러
(1880~1968)

테레사
(1910~1997)

만델라
(1918~2013)

마틴
루서 킹
(1929~1968)

스티븐
호킹
(1942~2018)

오프라
윈프리
(1954~)

스티브
잡스
(1955~2011)

빌
게이츠
(1955~)

2022년 10월 25일 2판 5쇄 **펴냄**
2014년 2월 25일 2판 1쇄 **펴냄**
2008년 5월 10일 1판 1쇄 **펴냄**

펴낸곳 (주)효리원
펴낸이 윤종근
글쓴이 노원호 · **그린이** 정금석
사진 제공 중앙포토, 연합뉴스
등록 1990년 12월 20일 · **번호** 2-1108
우편 번호 03147
주소 서울시 종로구 삼일대로 457, 406호
전화 02)3675-5222 · **팩스** 02)765-5222

잘못 만들어진 책은 구입하신 서점에서 바꾸어 드립니다.
ISBN 978-89-281-0337-9 64990

이메일 hyoreewon@hyoreewon.com
홈페이지 www.hyoreewon.com